Les balades d'un confiné

Les Balades d'un Confiné

Max Tourvain

©2021, Max Tourvain
Dépôt légal Juin 2021

Édition : BoD – Books on Demand,
12/14 rond-point des Champs-Élysées, 75008 Paris
Impression : BoD - Books on Demand, Norderstedt, Allemagne

ISBN: 9782322251254

Je suis cette fière « anormalie »...
Totalement normal et pourtant
subtilement en dehors des cadres...

Max Tourvain

Cher lecteur...

Cher ami...

Cher amoureux de la littérature de l'oeil...

Bienvenue !

Tu es sur le point de découvrir une part intime de moi, une période où je me suis trop souvent retrouvé avec moi-même... Alors permets-moi de te tutoyer.

Je vais te faire arpenter mon Havre de paix et de joie, ville aux mille facettes de beauté, à travers mes mots, des clichés photographiques aussi.

Tu suivras l'évolution de mes pensées, de mes réflexions. Parfois, tu vas rire... Parfois, compatir...

Mais surtout, garde bien à ton esprit : l'important, c'est de lire pour s'enfuir.

« Entre bien dans mes yeux pour que je me souvienne de toi. »

Charles Baudelaire

Le Havre, mon amour

Une larme dans chaque port, mon sourire dans le tien.
Une femme et un corps, mon désir dans ta main.
De tes traits bien rigides, insolente et nouvelle,
Quelques courbes si fluides font de toi la plus belle.

Jette moi une opprobre si je suis amoureux
Quand j'observe ta robe ondulante verte et bleue.
Ô moi ! Mais qui suis-je pour que tu m'aies séduit ?
Qu'en une vie je me fige ? Émotion... oui, je suis !

Je ne veux que ton cœur lorsque je suis au creux
De tes bras, tout en sueur... Il ne fait qu'un pour deux.
Tu me laisses arpenter les sillons de ton âme
Sans jamais ignorer que tu es ma seule femme.

Et si un jour je dois m'en aller sans retour,
De ces lignes souviens-toi... TOI, mon Havre d'amour.

Ma Mer

Il n'est rien de plus beau, de plus doux, de plus sage,
Que de poser son dos dans la main d'une plage.
De pouvoir dialoguer avec le son des vagues
Sans être dérangé par ce monde qui vous drague.

Qu'aux tréfonds de la belle mon esprit en apnée
S'en fait joie et se mêle dans son infinité
Rayonnante de saphir. Une évasion fugace,
Une saveur d'élixir qui vous donne de l'audace.

Et quand, à votre oreille, elle susurre sa plainte
d'être si maltraitée, toute puissante qu'elle est,
Ne faites pas l'étonné ! Simplement elle voudrait

Pouvoir danser encore, sans plastique pour empreinte.
Cher ami, je t'assure qu'il te faut la connaître
Dans sa robe la plus pure, la Mer qui m'a vu naître...

De ma fenêtre

On me laisse le choix entre ces deux rectangles
Pour pouvoir m'évader de l'étreinte de ces sangles.
D'un côté cette boîte dont je ne suis pas maître,
Et de l'autre cette issue : je choisis ma fenêtre.

C'est si bon de pouvoir tourner cette poignée
Et pouvoir contempler ces furtives images,
De pouvoir se bercer de la forme des nuages
Laissant place au soleil pour qu'il puisse vous toucher.

Je découvre peu à peu toute l'âme du quartier
Qui, en ces rares moments, ose se révéler.
Ici, la pie... Là, le merle... se méfiant tour à tour
De ce fourbe de rat sous ses airs de vautour.

Pas un son, pas un bruit de la vie quotidienne ;
Ni chaos, ni ennui, ni tracas sous-jacent.
Juste moi tout entier dans mon âme d'enfant
Et cette danse de la vie par-delà mes persiennes.

Column with inscribed text about time, in French, with a clock mounted on it. Fragments legible include:

- À MESURE QU'ELLE S'ÉCOULE...
- LE TEMPS EST UN...
- VOYONS MONSIEUR...
- SIX CENTS FOIS PAR HEURE JE...
- POUR LA RENDRE FÉCONDE...
- DU FOND DE L'ABÎME...
- DIEU FORMA L'HOMME...
- COMBIEN DE FOIS DES JEUNES GENS...
- ON SE SOUVIENT DU BAISER PROMIS...
- UN TEMPS DE TEMPS • LE TEMPS...
- LES RAISINS VERTS...
- ONT MANGÉ LES RAISINS VERTS...
- SEMÉ DES MIRACLES...
- NOTRE MÉMOIRE...
- SUCCESSIVEMENT LES DIFFÉRENTS...
- C'EST ALORS QU'ON SE...
- APRÈS TOUT, QU'EST DIEU ?...
- ATTENDRE FAIT MINCE PROFIT...
- LES JOURS JUSQU'À LA FIN DU MONDE...
- LE TEMPS EST CE QUI SE FAIT...
- PAROLES NE PASSERONT PAS • LA PÂLE MORT...
- CELUI D'AUJOURD'HUI MEURT DANS...
- EN RENDANT JUSTICE...
- LE TEMPS N'EXISTE PAS...
- D'ENTENDRE...
- D'UN INSTANT...
- JE SUIS PRESSÉ...
- LE MORT ET LE VIF...
- DES RADOTEURS...
- UN POISON DANGEREUX...
- ON SE DÉROBE À L'OBLIGATION D'AVOIR...
- DE LA NUIT ? LA SENTINELLE RÉPOND : LE MATIN VIENT...
- PORTE L'ÉTERNELLE JEUNESSE AU PLUS PROFOND DE SON...
- ÊTRE ET NOUS N'EXISTONS QUE DANS NOTRE PENSÉE...
- TOMBE • CHAQUE PARTICULE D'ESPACE EST...
- PASSÉ ET ENFANTER L'AVENIR, QUE TEL SOIT...
- AUSSI • TU N'ES NI L'ENFANT QUE TU AS ÉTÉ...
- TANDIS QUE LA DAME ENFILE SON BAS, IL FUIT, ET C'EST ENCORE...
- ET CREUSE, IL SÉPARE, IL...LA DAME...
- LA DERNIÈRE HEURE SONNE LA MÊME...
- LE SILENCE ÉTERNEL DE CES ESPACES INFINIS...
- L'AUTRE : DONNEZ VOTRE MONTRE ET PRENEZ...
- TEMPS, IL CONVENAIT DE BOIRE QUELQUE...
- SERT DE COURIR, IL FAUT PARTIR À...
- LE TEMPS DU SABLIER VIT À...
- QUE TOUT NE SE PASSE PAS...
- PROIS-NOUS DONC...
- TOI-MÊME...

Le Temps

Avoir le temps...
Cette notion après laquelle on court toute sa vie en ne se rendant pas compte qu'il est là, chaque minute, chaque seconde, chaque instant où l'on se dit que l'on ne l'a pas. Ce temps qui est assassin pour certains, qui fait renaître diverses choses pour d'autres. Il en est des dizaines d'expressions sur cet étrange impalpable.
Tuer le temps... où l'on s'efforce de trouver quelque chose à faire en attendant l'heure venue de la prochaine ligne de notre planning, pour essayer de se donner bonne conscience de ne rien faire. Cette expression que l'on a cru bon d'inventer pour ne pas avoir à ouvrir les yeux sur la réalité : c'est le temps qui nous tue... Qui nous tuera... Nous n'aurons jamais la peau du temps... L'invincible temps... L'indicible temps...
Mais il est là, avec nous, avec moi. Ce temps qui fait parfois défaut. Celui qui fuit. Il m'est donné aujourd'hui et je l'attrape, je le serre fort jusqu'à m'imprégner de lui, découvrir ses méandres, respirer son odeur de liberté. Le ressentir à chaque souffle, ne plus le laisser filer au vent. Me glisser dans sa course, être son allié. Ne plus être son esclave et me laisser dominer.
Dorénavant, je serai le Temps...

Instant

Il était là... Les yeux dans cet instant, la tête dans son bonheur. Bien ancré dans ses nuages. Il ne demandait rien... rien d'autre que d'être ensemble avec lui-même. Pour se parler... Pour parler au monde sans un mot...
Il s'enivrait du vacarme assourdissant du silence, il exaltait de ce calme violent.
Enfin ! Enfin on le comprendrait ! Enfin il n'était plus seul de solitude ! Enfin ce long soupir relaxant et terrifiant de bien-être aurait un sens à d'autres regards que le sien !
Sont-ils effrayés ? Sont-ils sereins? Que font-ils de cet instant ? En sont-ils conscients? Ont-ils l'esprit vagabondant bien plus loin que leur cage d'étroitesse forgée ?
Il ne demandait rien... Il voulait tout savoir...
Il était là...

L'autre

Un jour après l'autre,
De l'aube au crépuscule,
Elle faisait de ses mots
Comme des tentacules,
M'assommant, m'étouffant,
Me privant de suppliques...
Il a plusieurs visages
Le pervers narcissique...

Pensées diverses

C'est en pensant que je panse,
En laissant que je m'élance...

ooooooooo

Le génie est une folie pacifiste issue d'un paradoxe entre imaginaire et pragmatisme.

ooooooooo

La poésie,
C'est la musique de l'esprit,
C'est la chanson de l'âme,
C'est la danse des émotions...

ooooooooo

Le courage d'une décision peut changer la vie,
Et moi je préfère renaître plutôt que de n'être.

Le mal-aimé

Tu sais, je t'ai longtemps méprisé et je t'ai même souvent fui. Mais au fond je ne te connaissais pas. Certes, nous avons passé quelques moments ensemble, pourtant j'avais ce pressentiment que nous n'accrocherions pas. Pourquoi ? me demandes-tu ... Oh, tu vas rire ! Même si ce n'est pas glorieux. Comme de ces excuses d'enfant que nous donnons en étant sûr de nous en sortir, tel le héros à la fin du film.
Alors, je te dirais bien que j'avais peur que tu sois pesant dans ma vie, une charge énorme à charrier chaque jour, aux yeux de tous, sur mes frêles épaules.
Je te dirais bien que je n'ai jamais vraiment aimé la manière dont tu débarquais à chaque fois, sans crier gare, presque sournoisement, petit serpent de hautes herbes que tu es.
Mais la raison est plus triste, et presque terrifiante.
Tu fais peur à la société. On te refuse, on t'évite, on te toise de haut, au mépris de ce que tu vaux. Tu oppresses par ta présence.
Malgré toi, tu es le pantin d'êtres mal-intentionnés qui profitent de ton image, amassant de vicieux deniers sur ton dos.
Mais moi, je t'ai percé à jour, j'ai vu tes bons côtés, ô toi

symbole de liberté.
Bientôt trois ans que nous vivons ensemble et tu fais partie de moi... mon célibat.

Clara

Qu'il est loin le temps des bavardages,
De l'inconnu vers l'amitié,
De l'insouciance de nos bas âges,
Ceux de nos plus belles années.

L'horloge a depuis fait des tours
Mais c'est pourtant avec bonheur
Que j'ai vu naître en peu de jours,
Dans un recoin, une jolie fleur,

Dans un soleil et une brise,
Et bien loin de la tempête,
Que me vint l'idée exquise

Avec mes mots de frêle poète,
De lui parler comme je ne sais pas,
Et remercier cette fleur ... Clara.

En sommeil

Laisse-moi, ma douce,
M'enquérir encore
De tes cieux magiques,
Miroirs de ton âme,
Qu'en une secousse
Ton cœur je dévore,
Tes grâces idylliques
Essuyant mes larmes.

Tu es mon volcan,
Eruption artistique,
Jamais tu ne mens
Dans ta poétique.
Danseuse de toutes voiles,
Je te sens encore...
Aujourd'hui j'ai mal...
Malgré toi, tu dors...

Ma petite vieille

Les moments les plus agréables sont bien souvent les plus anodins. Ces petits instants qui ne prennent pas grand place dans votre journée et qui pourtant s'installent à leur aise sur votre sourire.

J'attends le mien comme un enfant la veille de Noël, trépignant à mes rideaux de recevoir ma dose quotidienne. De prendre de plein fouet cette force, ce courage, cette humilité, qui nous rappellent à tous qu'elle en a vécu d'autres.

Son habitude du matin est devenue mon rituel de dix heures et quart, mon soleil du jour qui dissipe mon cafard. Je regarde ma montre. Il est tard aujourd'hui. Que fait-elle ? A-t-elle eu un souci ? Je m'interroge, inquiet.

Quand enfin la voici, ma « Baudelairienne », petit bout de femme toujours penchée sur quelque chose, à l'allure incertaine de détermination. Son par-dessus gris-souris illumine mon regard.

Elle semble défier la gravité, la pesanteur, faisant fi de son âge et des affres que chaque jour il lui laisse en héritage. Je lui hurle mon admiration d'un simple regard de ma fenêtre, en espérant l'encourager dans cette abrupte allée. Qu'elles sont fières ses tomates, ses courgettes et son eau en bouteille, de tenir la main de ma « petite vieille »...

Je le suis tout autant qu'elle partage ma vie, malgré elle, durant ce court instant. Elle n'en saura sûrement jamais rien.
Et moi, il me tarde d'être à demain...

Et pourtant...

On s'est vu beaux,
On s'est vu grands,
On s'est vu forts,
Et pourtant...
On s'est cru durs,
Plus que puissants,
On s'est cru purs,
Et pourtant...
On pensait éviter
l'invisible touchant
Du doigts nos aînés,
Et pourtant...
Toucher, embrasser,
Vestiges d'avant,
Obéir, enfermés,
Et pourtant...
Vint ce jour, libérés,
Déconfinement,
La vie retrouvée.
Et maintenant ?...

C'est dur l'habitude

Une nouvelle aube esseulée sous toute latitude.
La vie suit le temps. Le temps suit son cours.
Les fourmis endormies à toute heure du jour.
L'aurore reviendra avec promptitude.
Quotidien bousculé, enthousiasme disparu.
Réfléchir et chercher de ces heures neuves
Un ailleurs immobile où les rires pleuvent.
Creuser. Et chercher encore toutes ces secondes perdues.
Et s'écoulent les nuages, en brume et multitude.
Et s'arrêtent les montres, les rêves et les envies.
Il fait beau dehors. Sous mon toit, il, fait gris.
Désormais, j'ai compris... C'est dur l'habitude.

Math-authentiques

Vouloir prendre racine
Sans être trop carré,
Plutôt que la tangente
Vers de multiples inconnues.
Dessiner tes courbes
Sans une main levée,
Faire les plans de nos vies
Sans aucun angle obtus.
C'est la seule équation
Que je veux poser :
Toi le « X », moi le « Y »,
Et l'amour en vertu...

Pensées diverses

Me voit-elle derrière ses paupières closes ?
Suis-je son mot préféré ?
J'aimerais tant que mon âme hante mon amante autant
qu'elle m'aimante...

ooooooooo

Plus intense que se regarder dans le blanc des yeux,
Je me regarde dans le bleu de l'âme ce matin,
Doux voyage sous la voûte du ciel de mes pensées...

ooooooooo

Tu es une œuvre pastel mêlée de bleu, de jaune
Et de ciel...

La Plume

Je crois aux matins se levant de mille brumes,
Aspirant aux chaleurs d'invincibles espoirs,
Les chantant d'heure en heure en appelant le soir
Aux délicieux parfums de douceur que je hume.

J'aime à suivre leurs chemins tels au lit de la Seine,
Serpentant yeux fermés vers ce cher inconnu ;
Horizon familier dont je ne sais la vue ;
Avec, sur mes mains, cette odeur de madeleine.

Ce matin de routine en quelconque apparence,
Regardant devant moi, le cœur en sourire,
S'est posée sur ma joie, sans même prévenir,

Une brise divine qui venait de tous sens,
Me laissant en présent, sans atours ni costumes,
Un reflet d'évident... la plus douce des plumes.

La Colombe

Délivrant tous mes sens et inspirant la mienne,
Cette plume de surprise a secoué mon émoi.
Dans un bonheur immense, sans que je le comprenne,
Cette plume exquise que j'ai vu, c'était TOI.

Cette plume virevoltante, follement douce et sincère,
Chaque jour enivrante, la plus belle de la Terre,
Je n'ai d'yeux que pour elle, colombe de mille feux,
Cette plume demoiselle dont je suis amoureux.

Bel oiseau de tendresse au ramage d'étincelles
Réchauffant mon hiver, réveillant mon printemps,
J'ai perdu mes hiers sur ta bouche et maintenant

C'est avec l'âme en liesse que je vole dans ton ciel.
Mes ailes déployées vers un « là » sans retour,
Emmène-moi, je suis prêt, ma colombe d'amour.

Remerciements

Je tiens à remercier tout particulièrement ma muse, Cécile, ma première fan, qui a cru en moi et m'a toujours épaulé en toute circonstance (je t'aime de fou-fou) ; mon amie de lycée, Flucky, mon oncle, Dominique, pour leurs magnifiques photos du Havre et pour avoir répondu présents sans hésiter dans ce projet ; mon ami Eddine C., pour ses conseils judicieux et son amour de la littérature ; maسur, Nanou, pour avoir réalisé le dessin de la couverture et être toujours à mes côtés ; mon amie, Priscillia, pour son soutien et ses critiques positives sur mon écriture ; le grand Charles Baudelaire, qui m'a transcendé dès lors que j'ai ouvert pour la première fois un de ses ouvrages ; et TOI, ami lecteur, pour ta confiance, ton enthousiasme, ton amour de la lecture et ton irrésistible envie que je publie très vite un second recueil...

Crédit Photos

Florence Cudennec-Flahaux
www.florenceflahaux.com

Dominique Coté
www.dominiquecote-photographie.com

Michael Godefroy
www.mivikphotographie.fr

Le Havre, 2020-2021